Die Reise

Friedrich Karl Waechter

Die Reise

Diogenes

Drei Männer kommen.

Sie klopfen ans Haus

und fragen nach mir.

Die Tante sagt: »Die Onkels bringen dich zu deiner Mama.«

Wir gehen durch Straßen

St. Geo

hinaus auf die Felder,

hinauf in die Berge.

Da frißt den ersten ein Löwe.

Da rammt den zweiten ein Lastkraftwagen.

Da stürzt der dritte vom Gipfel.

Da sehe ich die herrliche Stadt.
Vom höchsten Turm ruft ein Wächter
meinen Namen.
Ein Luftschiff kommt, mich zu holen.

100/80/10/1
ISBN 3 257 00614 4

Bücher von
Friedrich Karl Waechter
im Diogenes Verlag

für Kinder (und Erwachsene):

Die Bauern im Brunnen
Eine Geschichte von Krieg und Frieden,
Schloßherrn und Schlossern

Kiebich und Dutz
Das Buch zum Stück.
Mit vielen Fotos und Zeichnungen

Die Reise
Eine schrecklich schöne
Bildergeschichte

für Erwachsene (und Kinder):

Wahrscheinlich guckt wieder kein Schwein
Die Besten aus der Sammlung von Professor Göttlich